THIS BOOK BELONGS TO

# Aa



APPLE

apple

# Practice Time

# Bb

BIRD

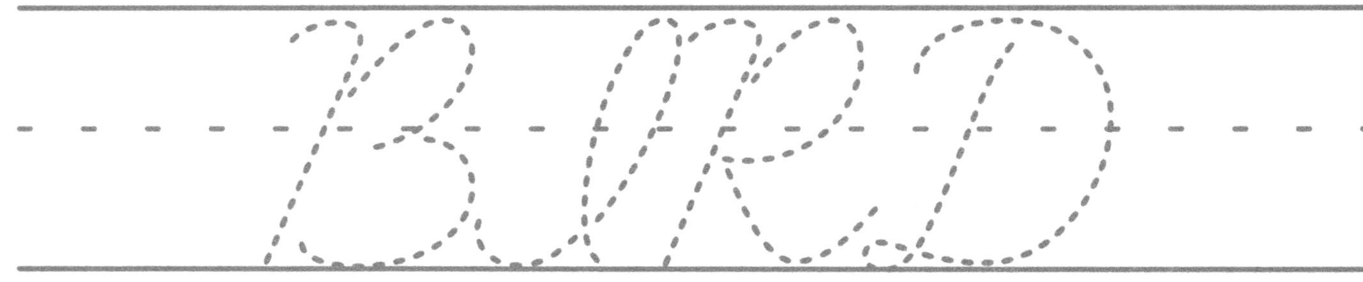

# Practice Time

Cc
cup
cup
cup

Uppercase Letter

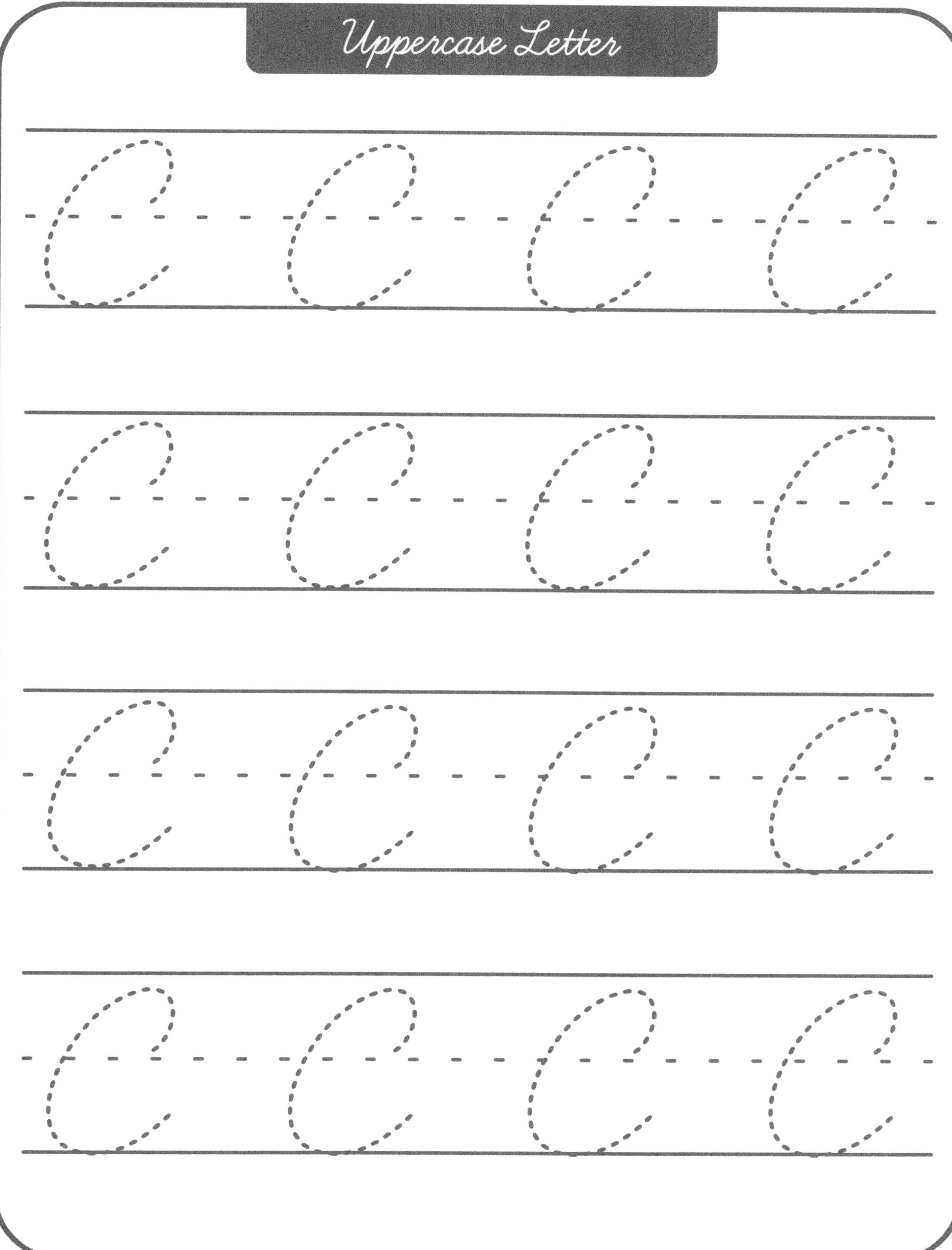

# Dd

DOG

DOG

dog

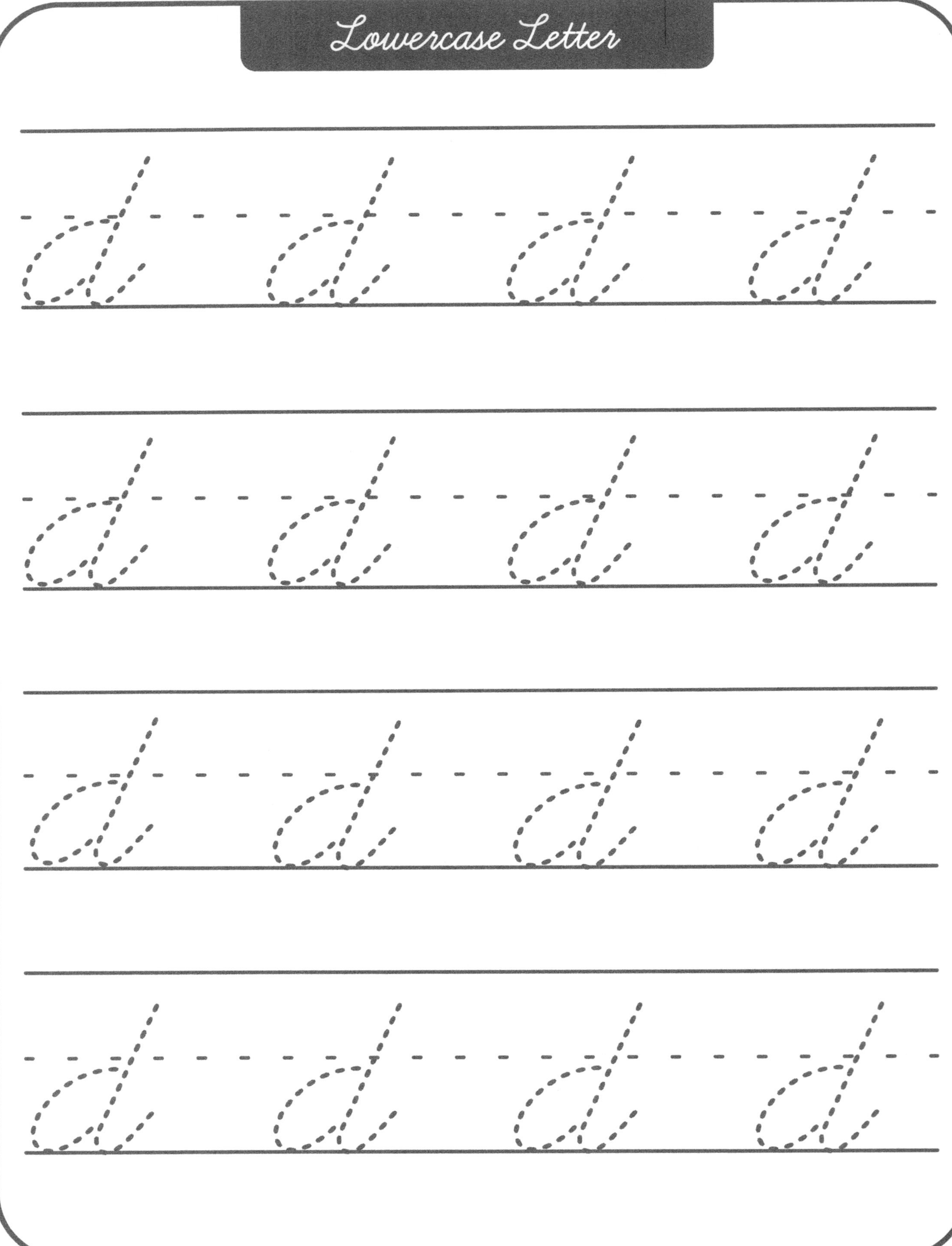

Practice Time

Ee
EGG

Practice Time

_Ff_

FISH

FISH

fish

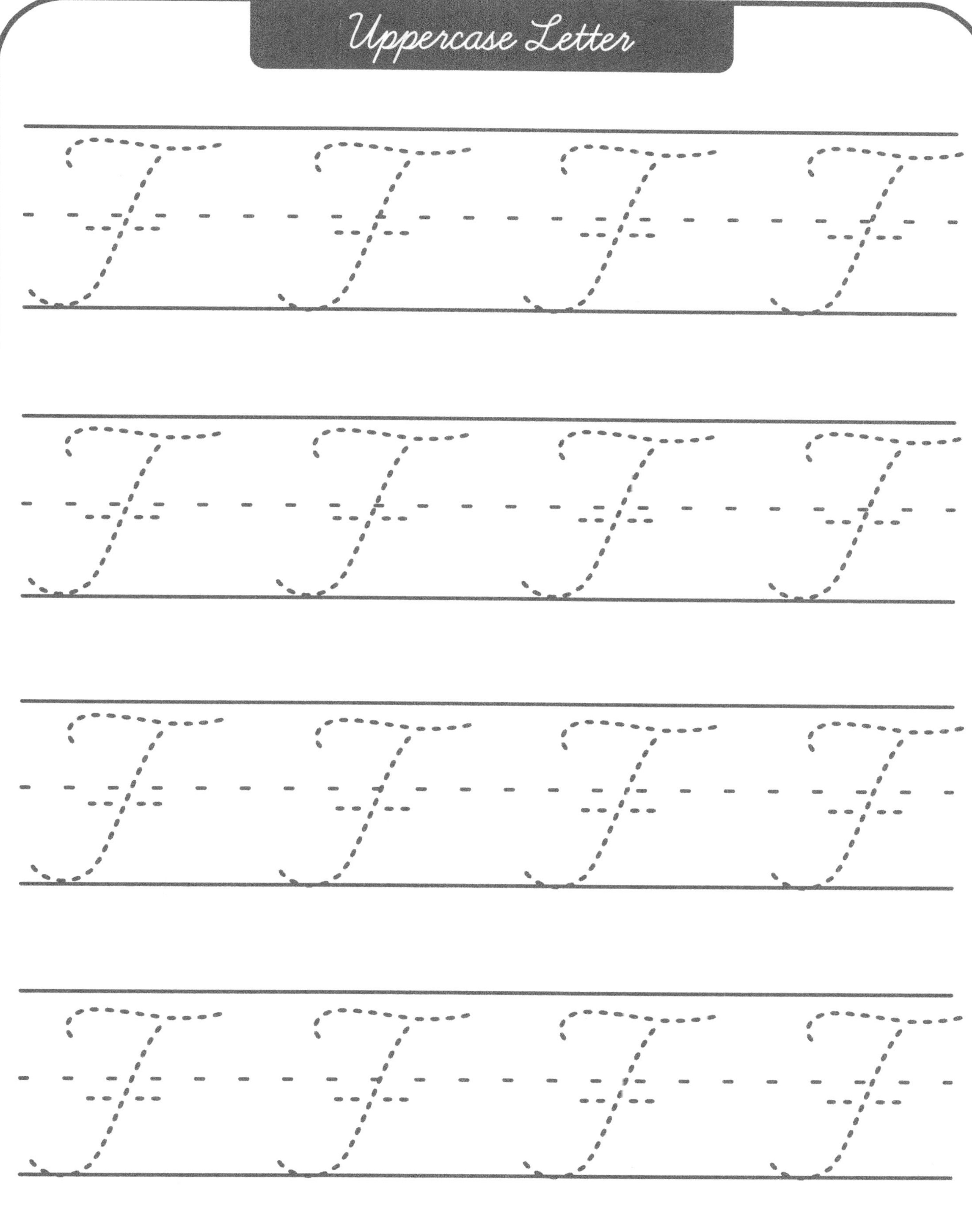

# Practice Time

Gg



GRAPE

grape

# Uppercase Letter

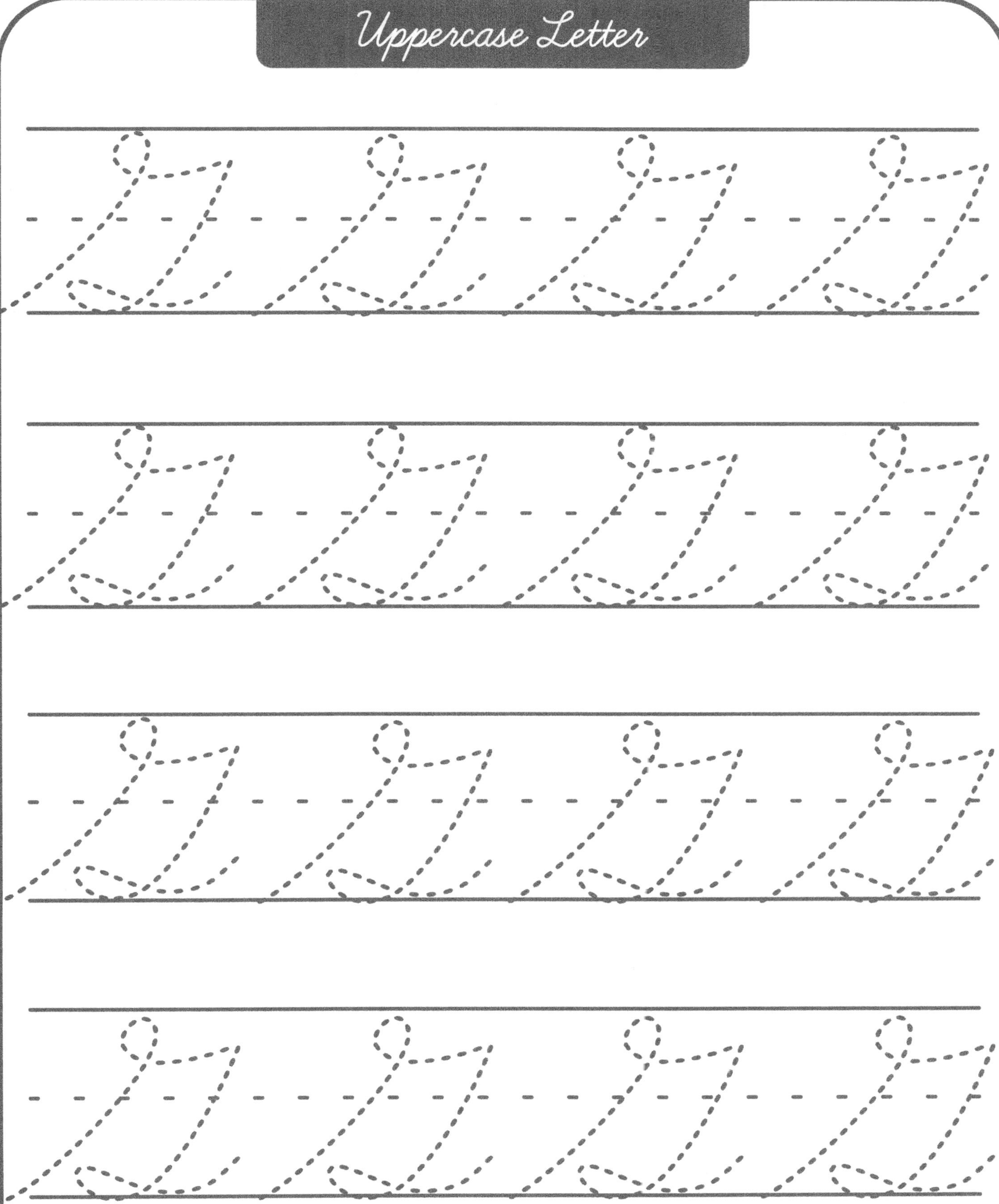

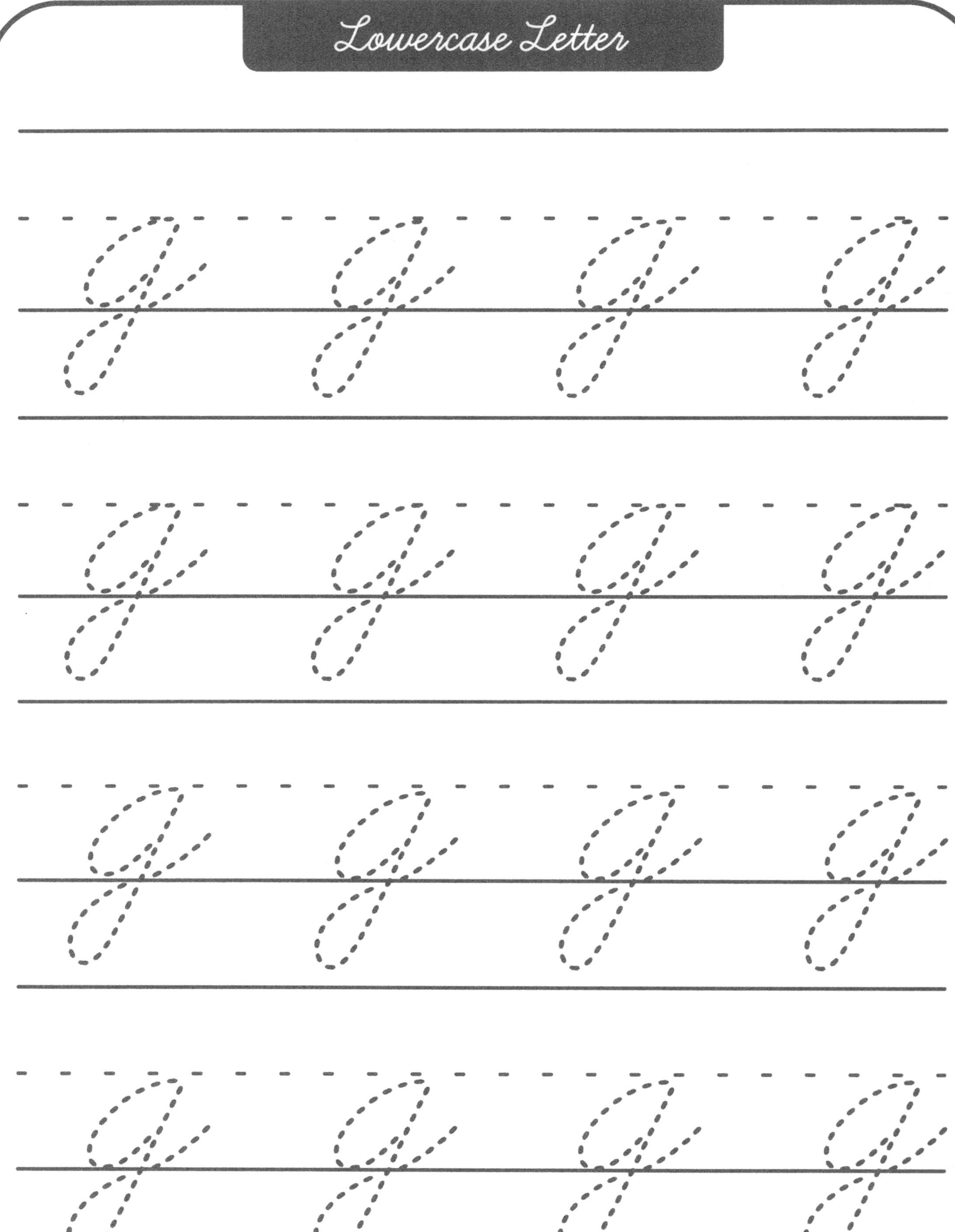

# Practice Time

# Hh



HOUSE

house

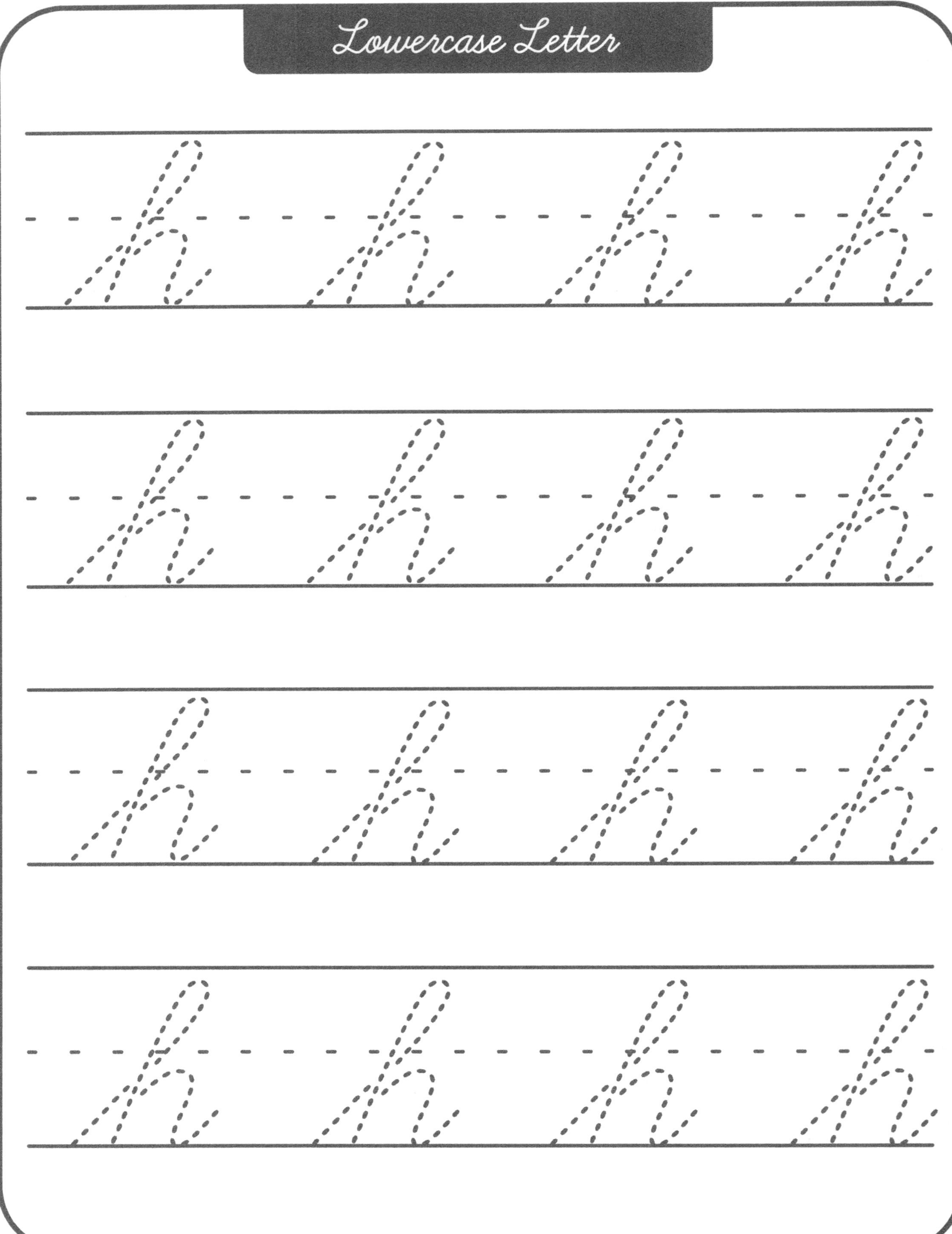

ICE CREAM

ice cream

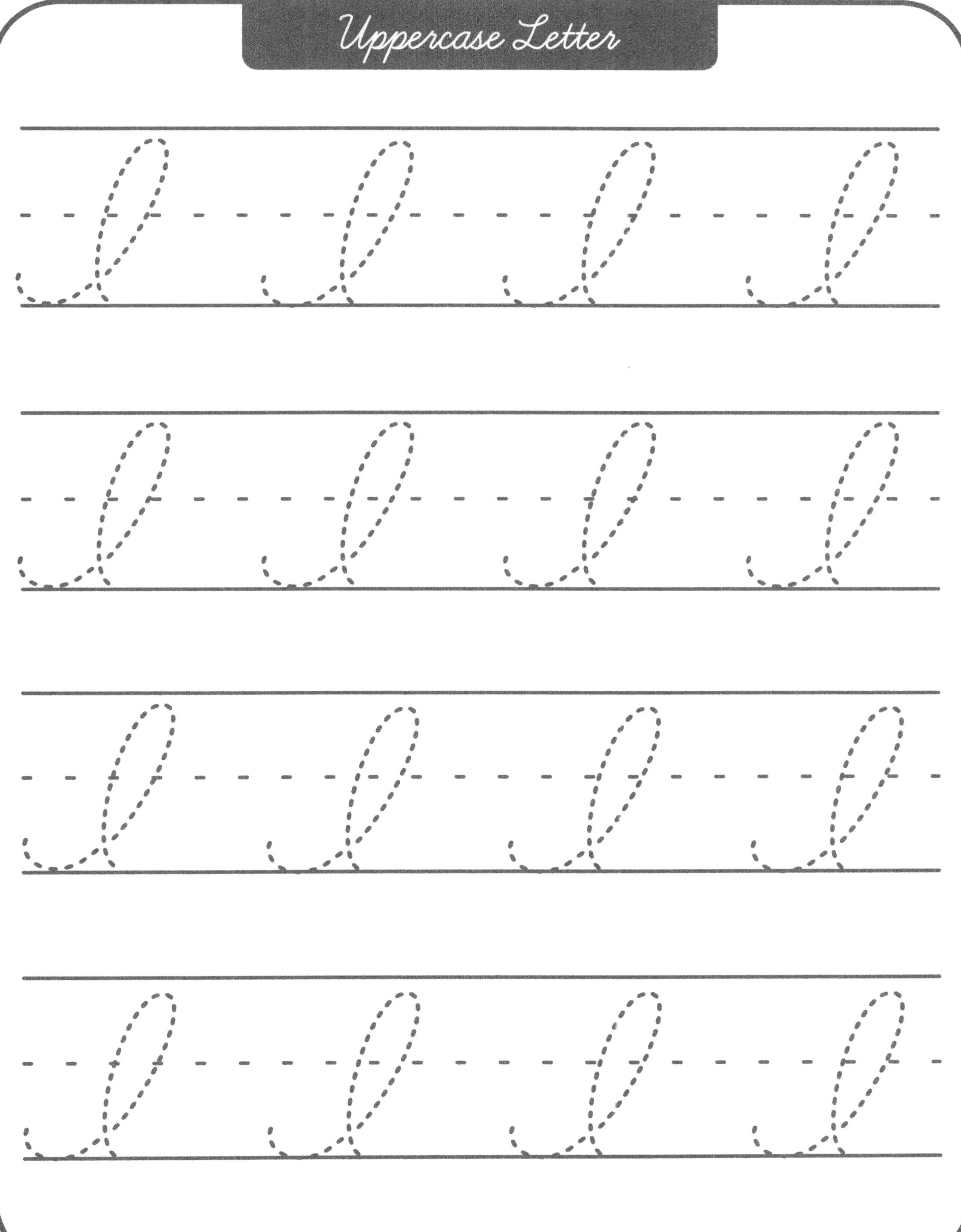

Jj



JACKET

jacket

Lowercase Letter

Practice Time

# Kk



KEY

key

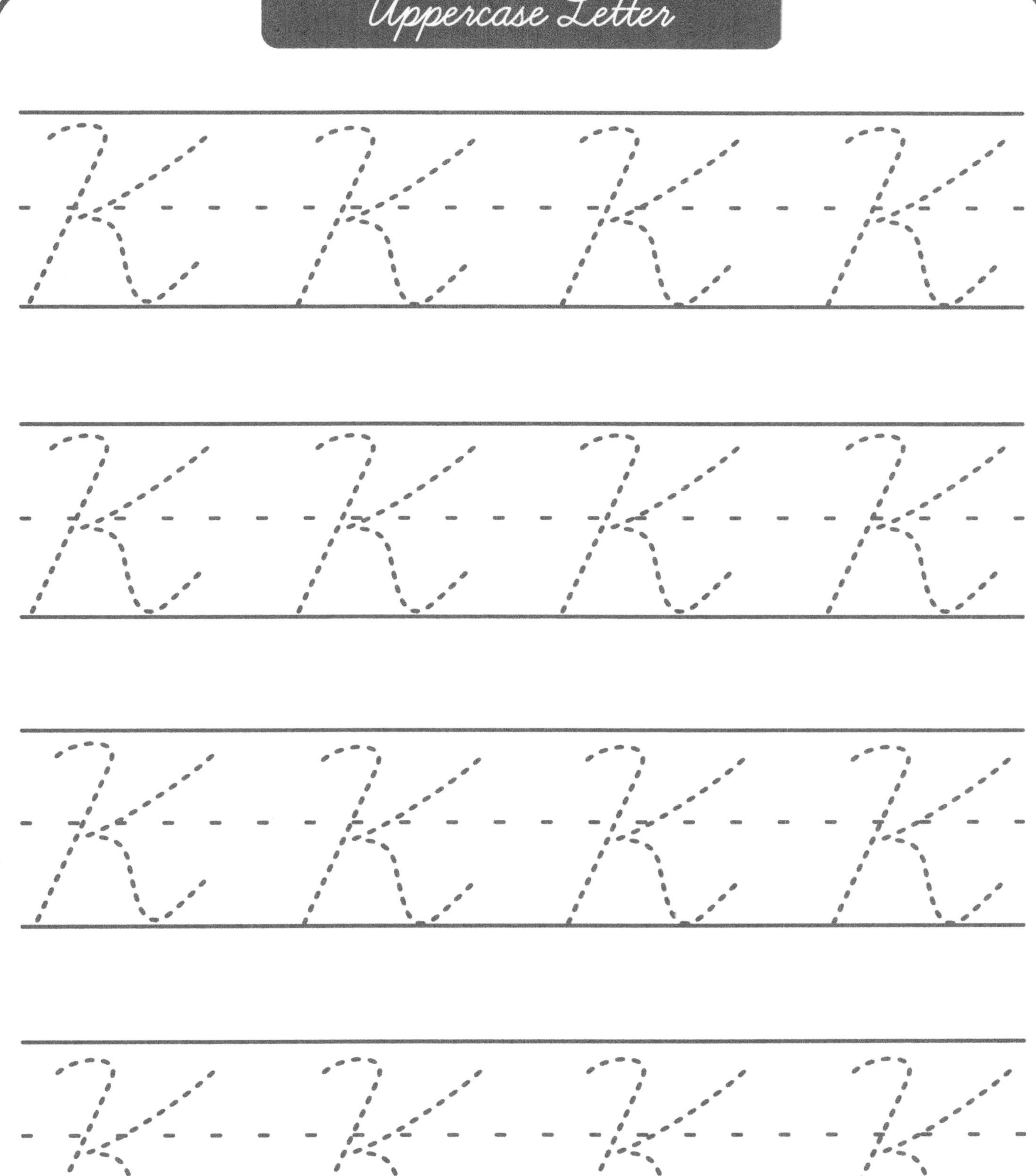

Lowercase Letter


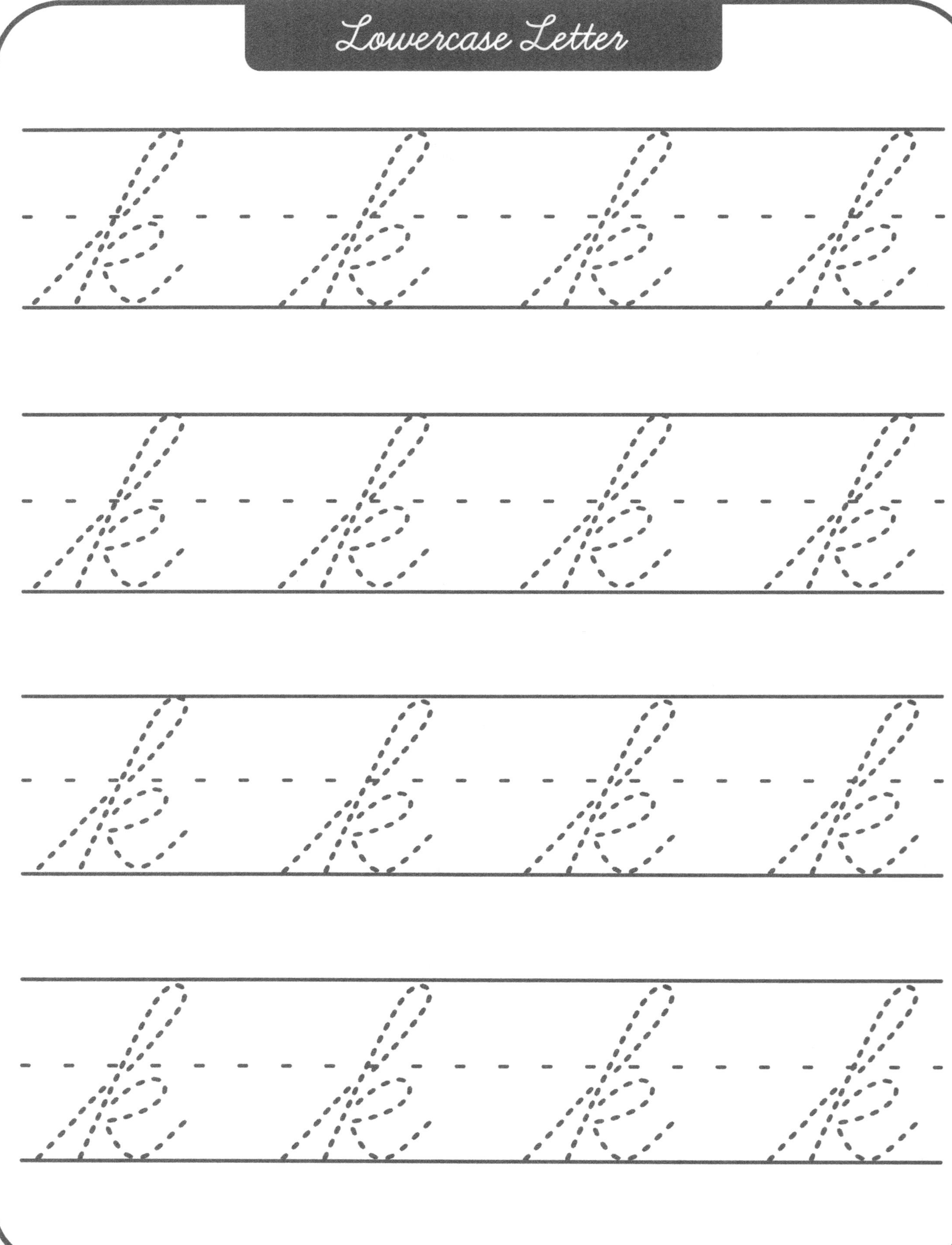

Practice Time

# Ll

LION

LION

lion

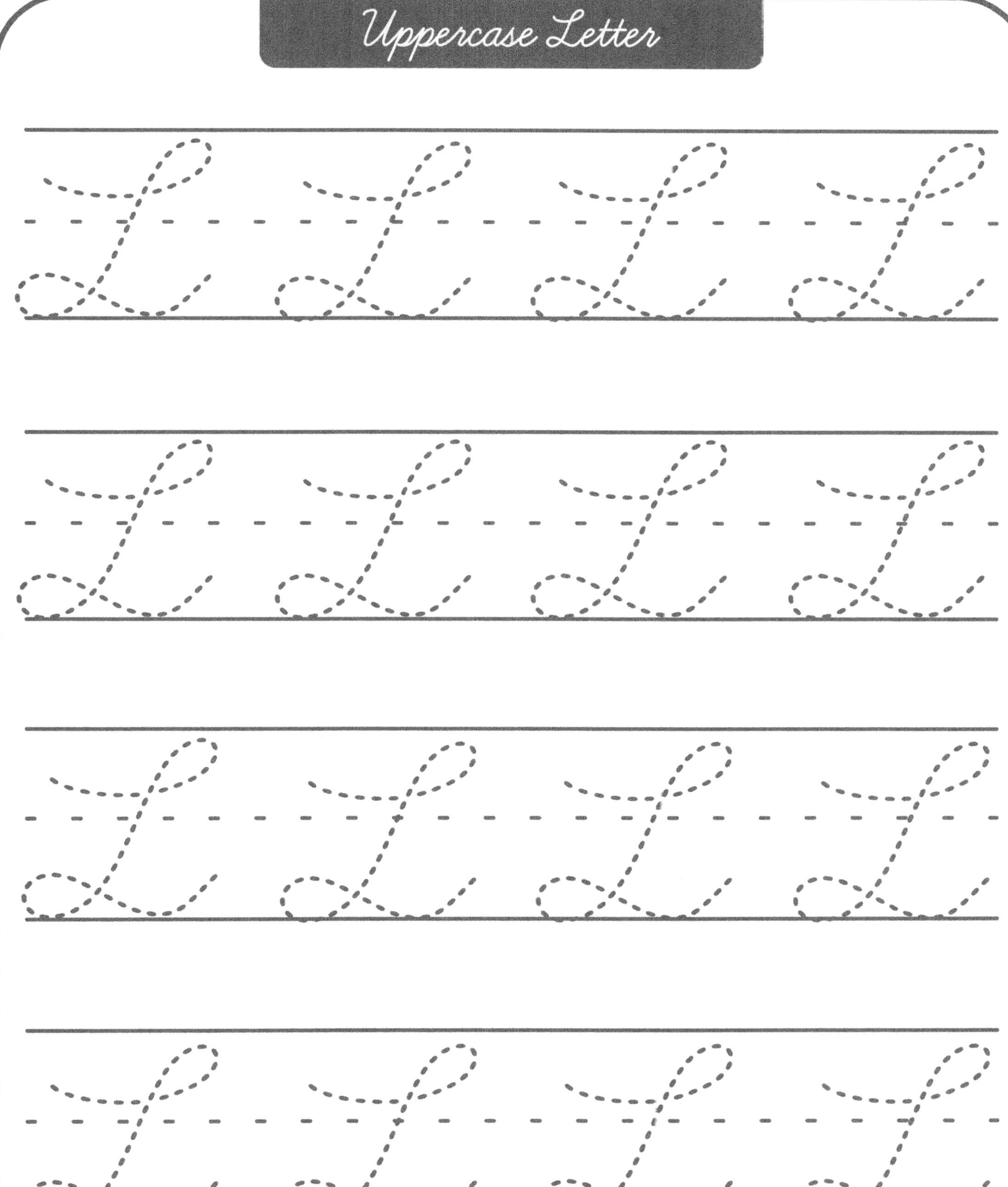

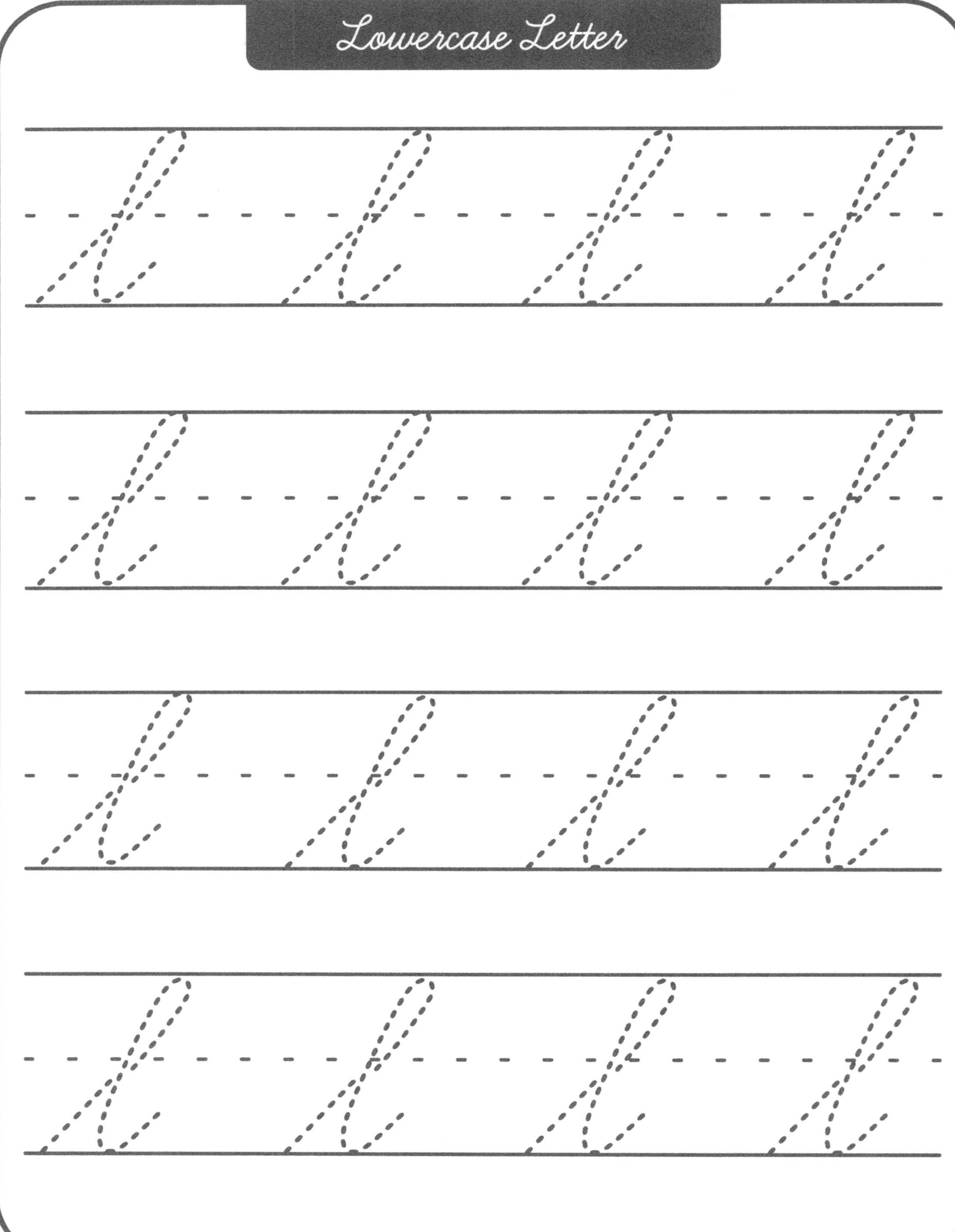

Practice Time

Mm
moon


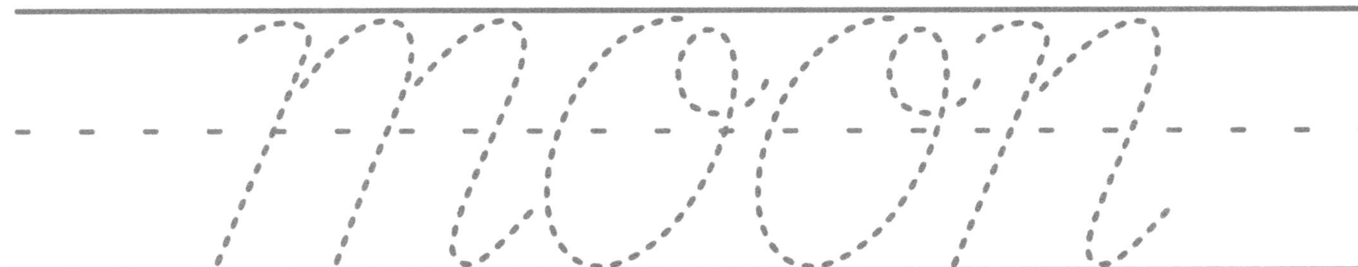

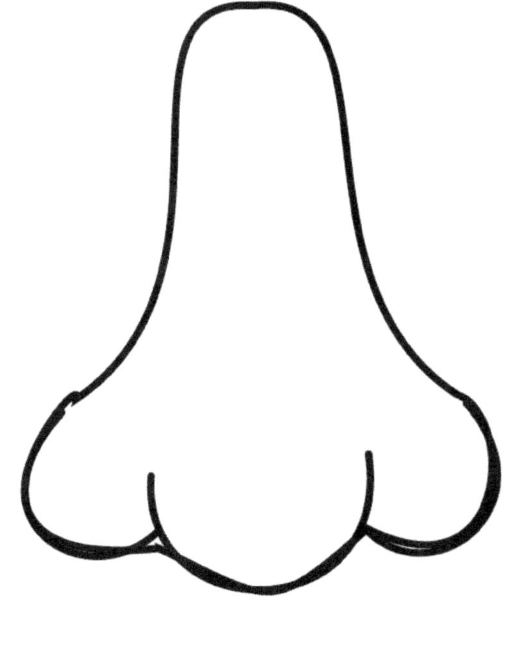

## Nn



nose

nose

# *Oo*



OWL

owl

Pp
PENCIL


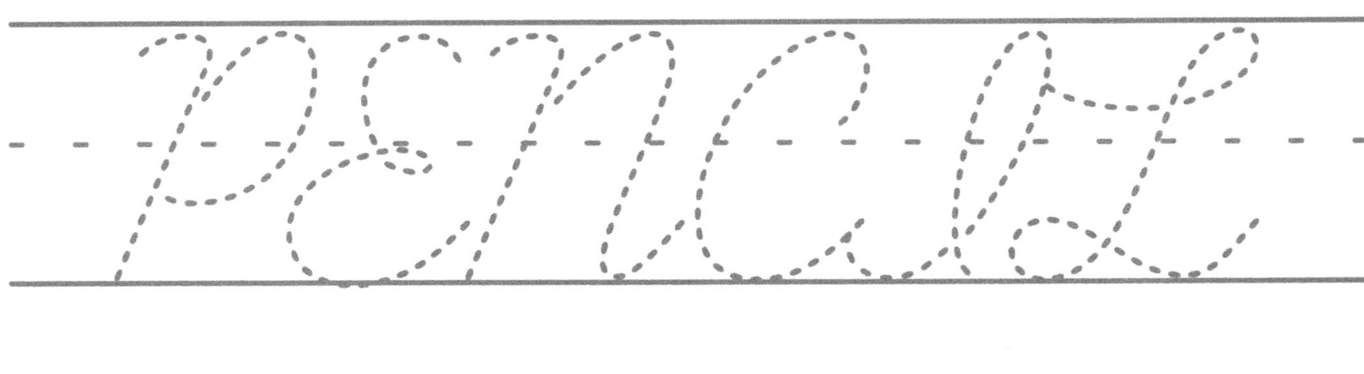


PENCIL
pencil

Lowercase Letter

# Qq



QUEEN

queen

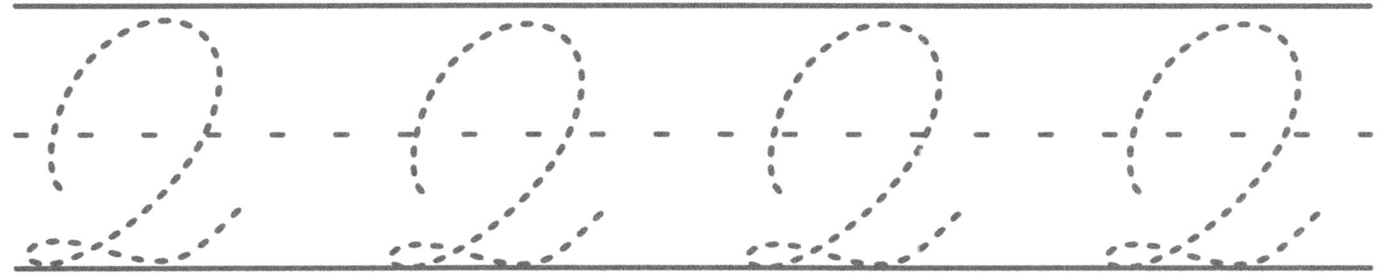

# Rr

RABBIT

RABBIT

rabbit

SHEEP

sheep

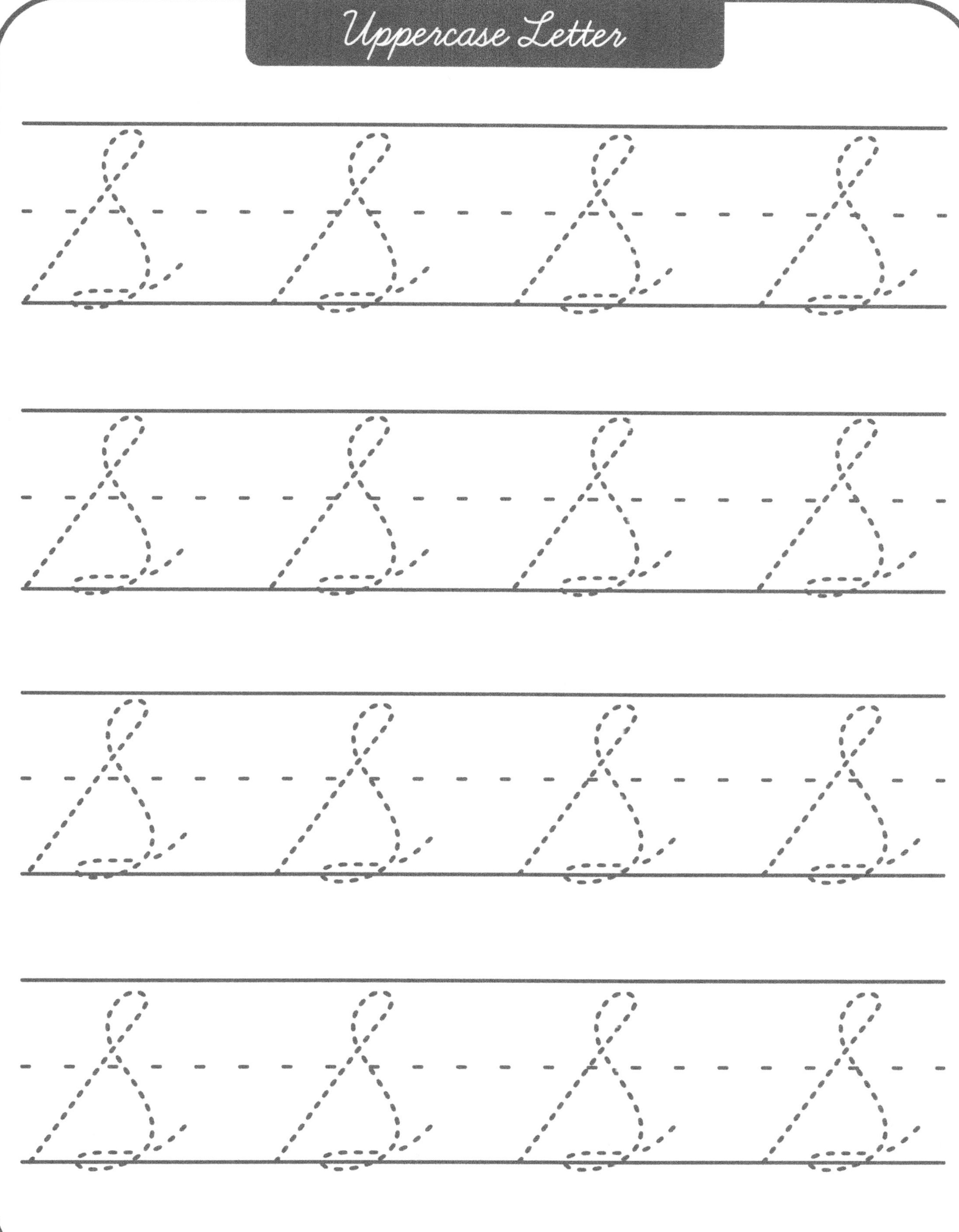

Practice Time

Tt
TRUCK

Uppercase Letter


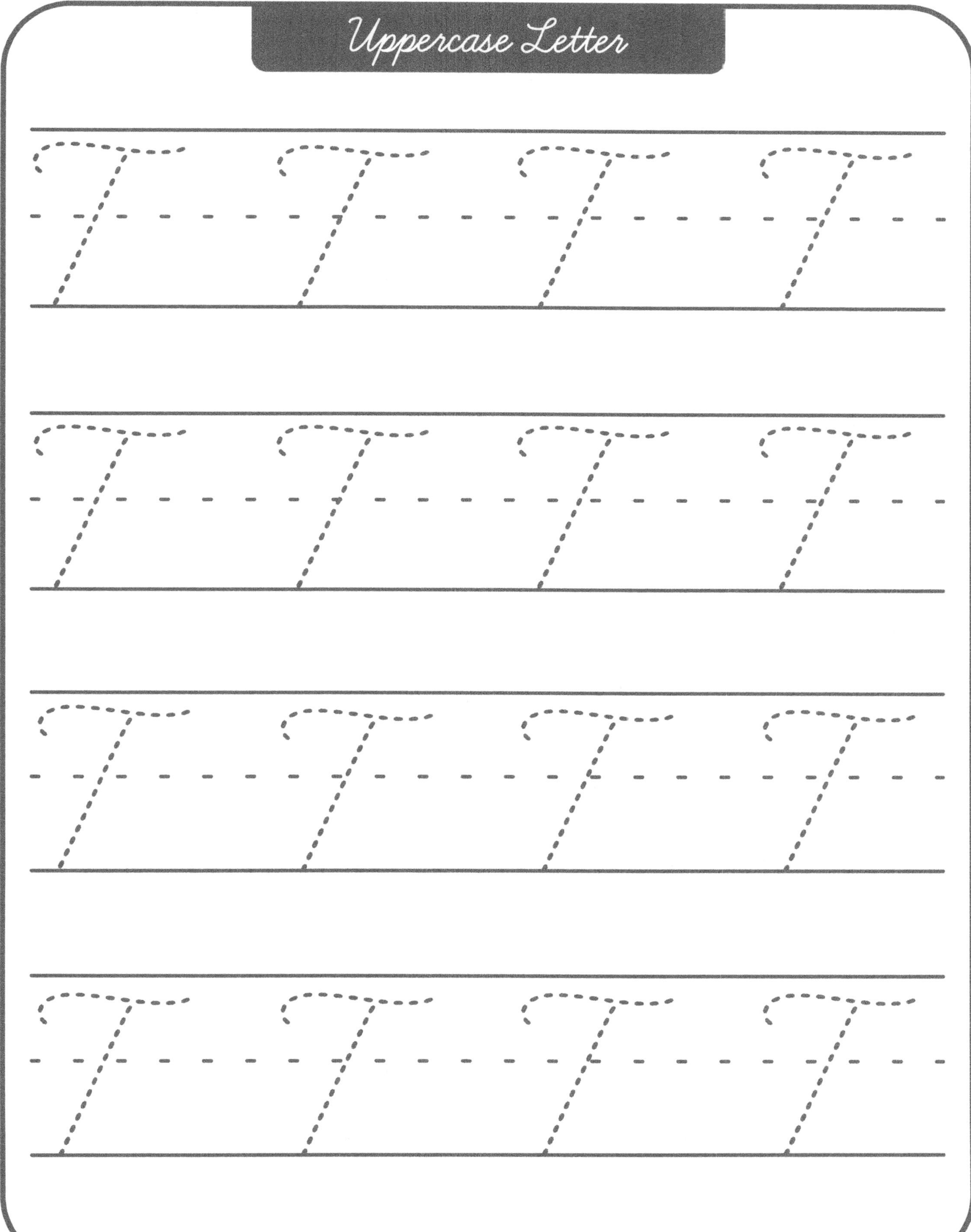

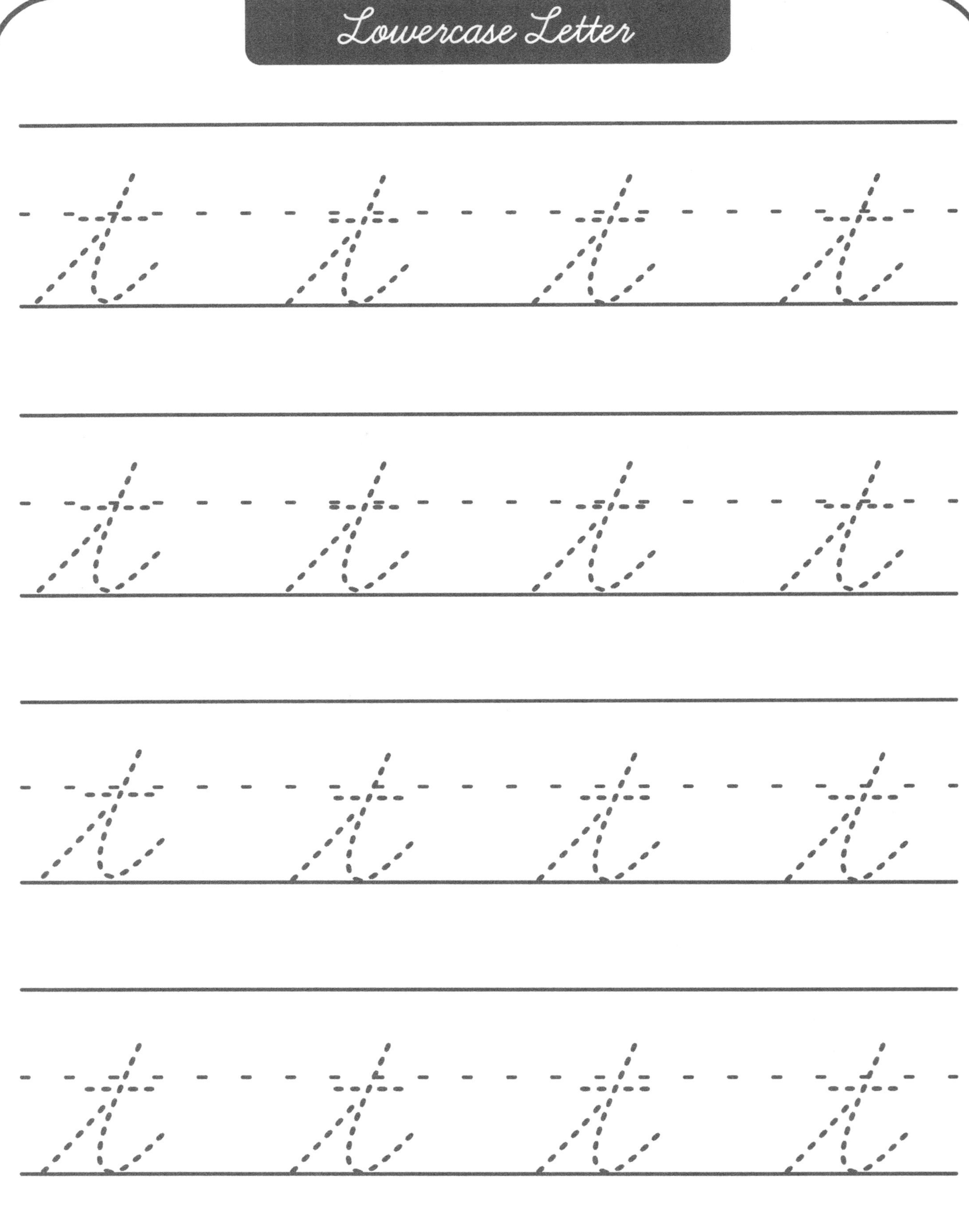

# Uu



UNICORN

unicorn

Uppercase Letter

Practice Time

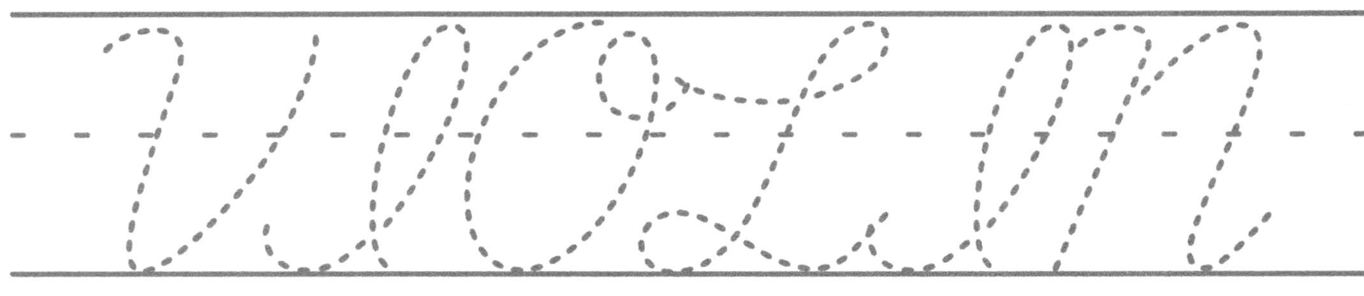

*Vv*

VIOLIN

VIOLIN

violin

Practice Time

Ww
WAND


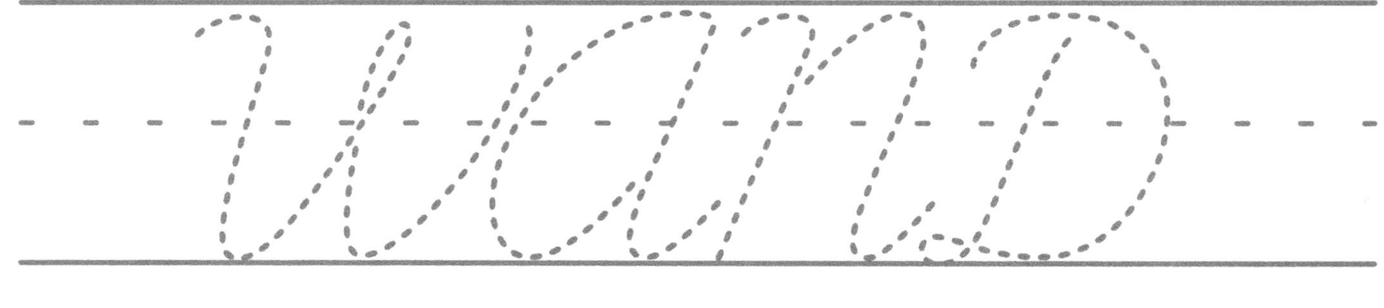


wand
wand

Lowercase Letter

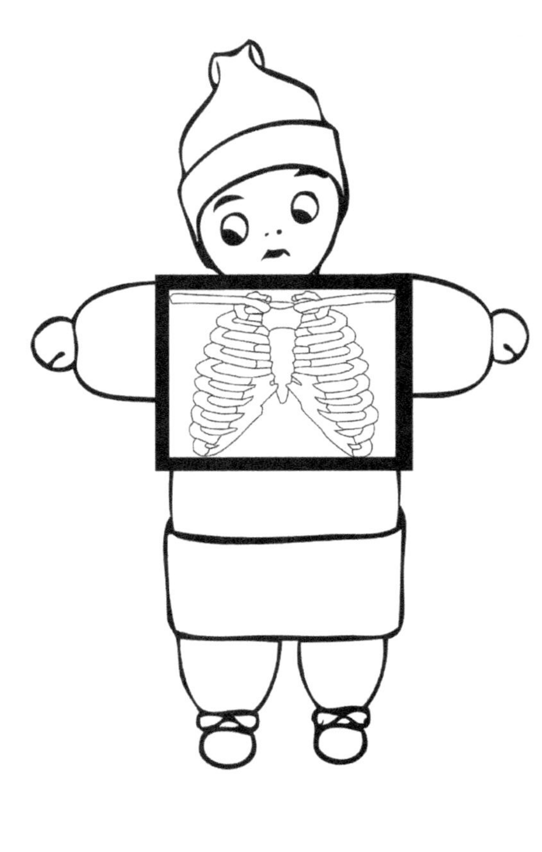


Xx
X-RAY


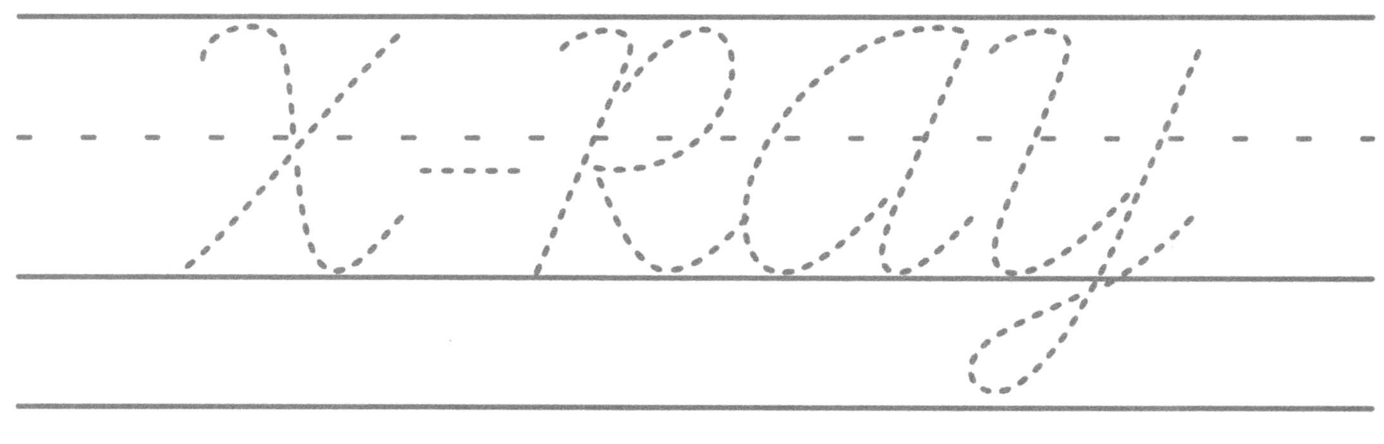

X-RAY
x-ray

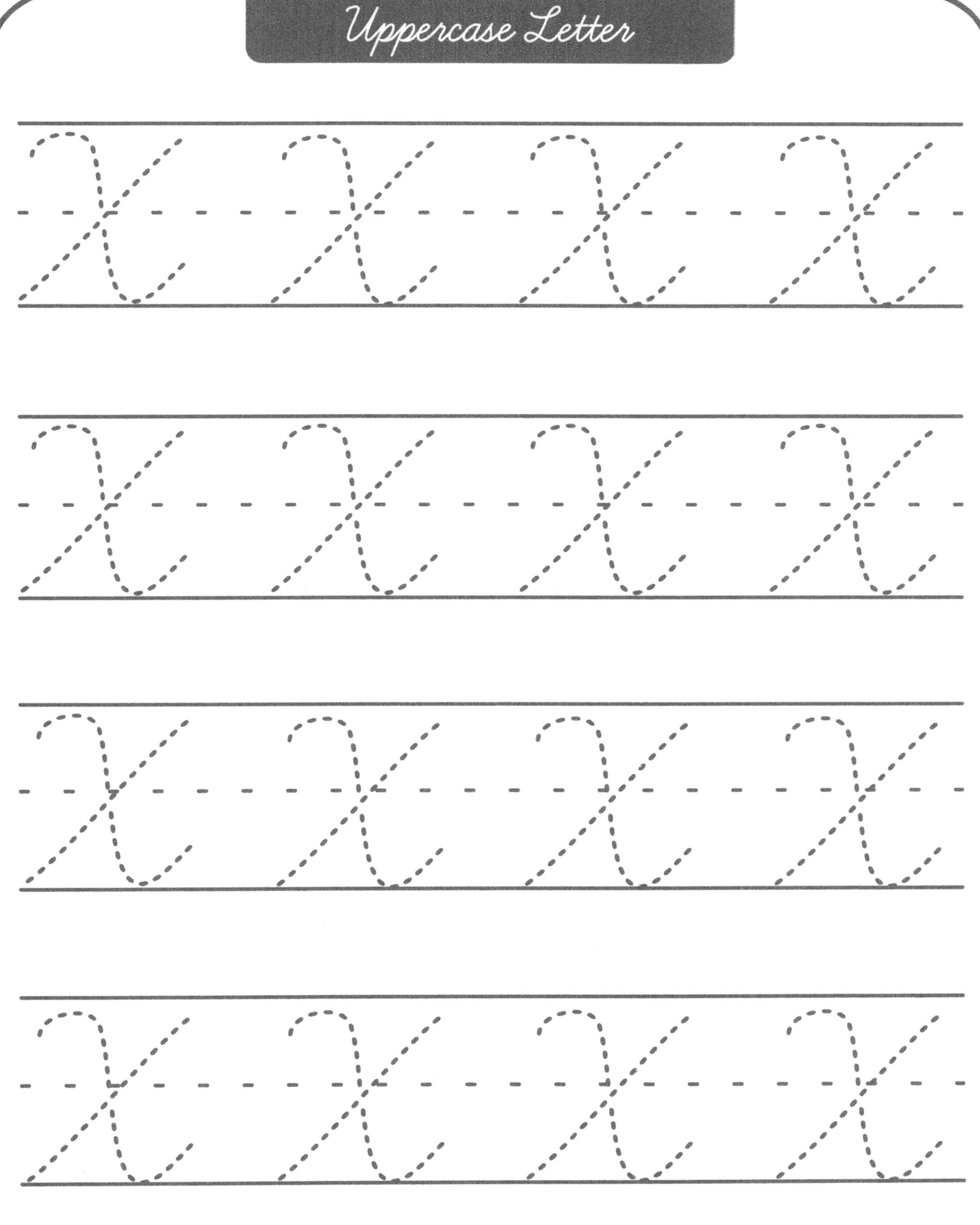

Practice Time

Yy
yoyo


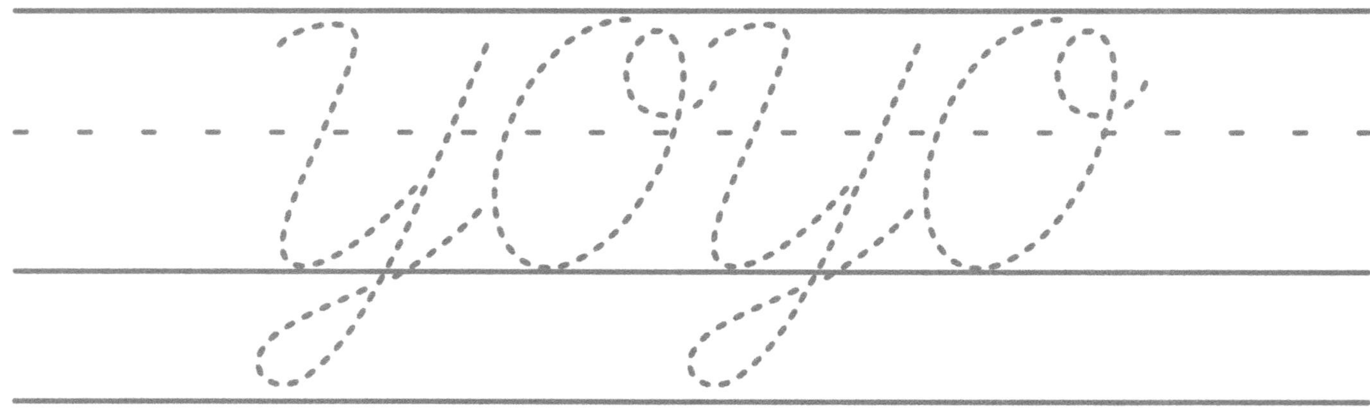


yoyo
yoyo

Zz
Zip
Zip
gip

Lowercase Letter

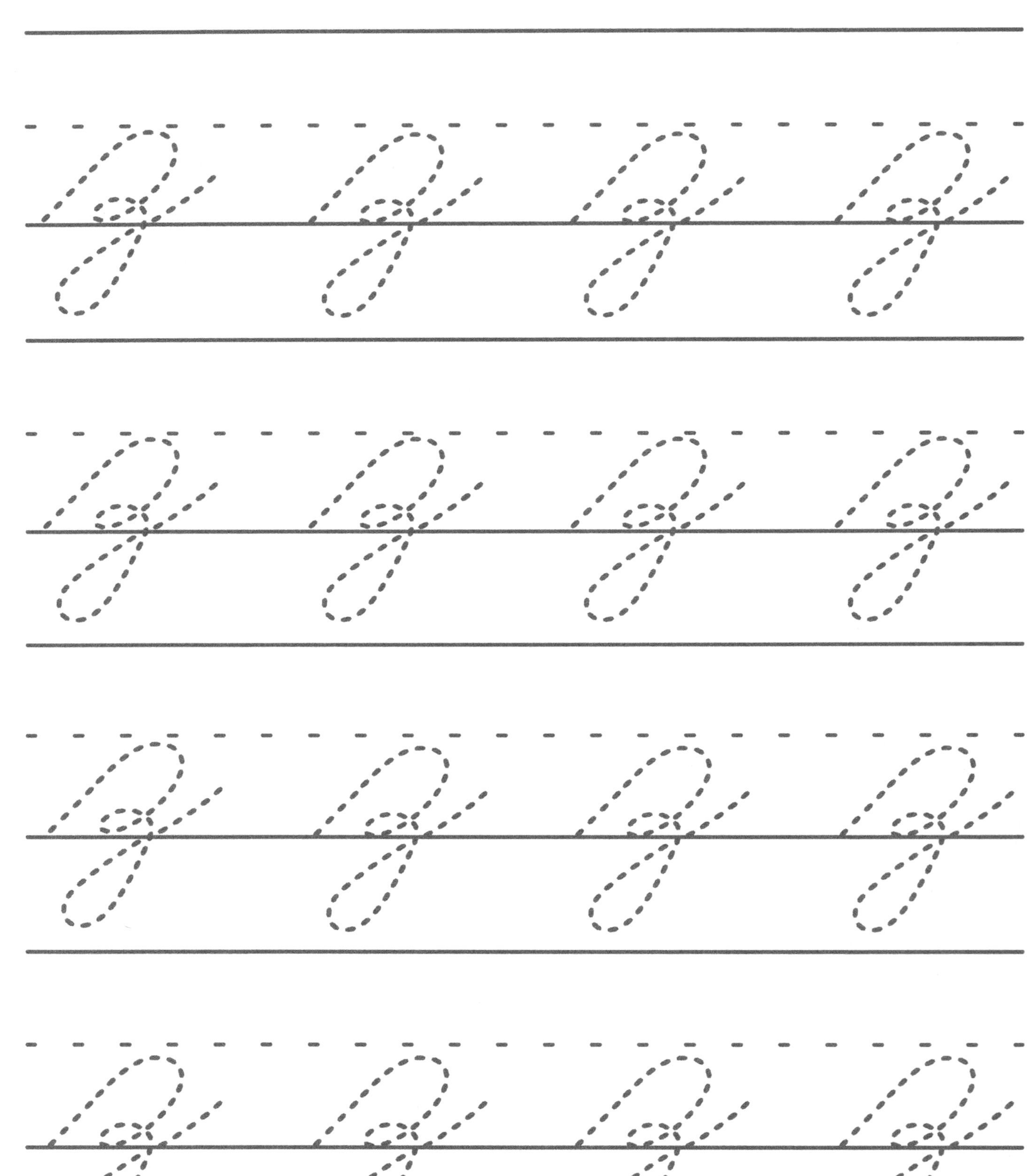